Il était une fois

« La France »

Adrien Pinto

Il était une fois
« *La France* »

De Vercingétorix à
Emmanuel Macron

« *L'histoire se répète toujours* ».

Adrien Pinto

VERCINGÉTORIX ET LES GAULOIS

Même si cela peut vous paraître surprenant, les Gaulois sont bien nos ancêtres, pour une simple et bonne raison : un art de vivre s'est transmis de génération en génération. Ce sont les Gaulois qui ont civilisé la Gaule, c'est-à-dire la future France, les premiers ! Certains disent que la France, c'est l'Église et donc qu'elle commence à partir de Clovis. De nos jours, une grande partie des Français ne sont pas croyants, pourtant ils sont quand même Français.

Génétiquement, les Gaulois ne sont pas nos ancêtres, mais je ne raisonne pas génétiquement. Ceux qui raisonnent génétiquement ont une vision raciale du monde.

L'histoire de France commence aux Gaulois. Les Gaulois vivaient sur un territoire appelé la Gaule. Ils ont créé des outils que l'on utilise encore aujourd'hui.

Plus en bas, au sud de la future Italie, deux frères, Romulus et Rémus regardent le ciel. Romulus voit douze vautours et Rémus n'en voit que six. C'est donc Romulus qui a l'avenir le plus prometteur. Il décide donc de fonder sa ville, Rome. Il trace une limite que Rémus n'a pas le droit de dépasser. Plus tard Rémus va la dépasser et Romulus le tuera. Bien sûr, plus tard il s'en repentira.

Les Romains devinrent vite puissants. Les Gaulois sont des agriculteurs. Depuis le néolithique les hommes sont devenus des agriculteurs. Mais c'est l'agriculture qui a provoqué les guerres car qui dit « *agriculture* » dit « *richesse* », et qui dit « *richesse* » dit « *guerre* ». Les Romains en Italie actuelle attaquèrent la Gaule. Les Gaulois décidèrent de s'unir contre Auguste et Jules César, un grand politicien. Celui qui a mis en œuvre l'union gauloise est Vercingétorix. C'est celui qui a créé la tradition de résistance. Les Romains eurent beaucoup de mal à prendre la Gaule. Les batailles entre les Romains et les Gaulois furent sanglantes.

Malgré cela, c'est à Alésia que Vercingétorix et Jules César s'affronteront pour la dernière fois. Les Gaulois avaient pourtant gagné la première fois à Gergovie. Et des feux avaient été allumés sur les collines pour fêter ça.

Mais à Alésia, Vercingétorix rendit les armes devant César. La Gaule devient alors romaine.

Mais ça, c'est si on voit les choses d'un point de vue géopolitique. Car les Gaulois n'ont pas disparu pour autant. Les Gaulois ont continué d'habiter en Gaule, simplement ils ont copié le mode de vie romain. Ils sont donc devenus Gallo-Romains. En Gaule, des aqueducs ont ensuite été construits.

Vercingétorix fut le premier personnage de l'histoire de France. La Gaule s'est romanisée comme plus tard elle se « *barbarisera* », comme plus tard la France s'américanisera.

L'hexagone dans lequel nous vivons n'a jamais vraiment été conquis.

400 ANS DE GALLO-ROMANISATION

Les Romains ont eu un art de vivre différent de celui des Gaulois. Ayant conquis tout le pourtour méditerranéen, les Romains ont une grande puissance. Dès son retour à Rome, Jules César est assassiné par un groupe de 60 sénateurs. Son fils Brutus lui donnera le dernier coup de couteau. César tomba sur la statue de Pompée, un autre général romain qu'il avait battu. César aurait notamment eu un fils avec Cléopâtre, une reine d'Égypte. Mais c'est son neveu Auguste qui devint le premier empereur romain. D'autres lui succédèrent, comme Constantin ou Hadrien. Mais pendant ces interminables successions, l'Empire s'embourgeoise, ce qui veut dire qu'il n'avait plus envie de faire la guerre. Cela causera la chute de l'Empire romain. Les Romains vont devenir impuissants.

LA CHUTE DE L'EMPIRE ROMAIN

Les Huns venus d'Asie du Nord, plus précisément de Mongolie, arrivèrent en Europe où ils firent se déplacer les autres peuples barbares comme les Wisigoths, les Saxons, ou bien les Francs saliens et les Francs rhénans. L'Empire romain ne put pas se défendre face aux attaques barbares. Il fut donc disloqué. La Gaule, elle, n'a jamais été conquise par les barbares. Une nouvelle fois, elle a copié le mode de vie barbare. Les Francs saliens en actuelle Belgique battirent les Francs rhénans un peu plus au sud. Leur chef est Childéric Ier. En Gaule, la chrétienté est apparue. Les Huns ont pris la ville de Metz mais ont échoué à Paris et repartent d'Europe vaincus. Les Francs finissent par entrer en Gaule. C'est le début de l'Église et de la croyance.

CLOVIS, LE PREMIER ROI DE FRANCE

Les Francs de Childéric Ier avaient pénétré dans tout le nord de la Gaule. Les Gaulois ont copié le mode de vie barbare avec des tombes par exemple. À la mort de Childéric Ier, Clovis fut sacré à Paris. À ce moment-là, nous sommes dans une période qui s'appelle le Moyen Âge. Mais le rôle de l'Église n'est pas encore arrivé. Clovis mena de multiples guerres.

Lors d'une bataille près du Rhin contre les Alamans, les Francs sont en train de perdre. Clovis a beau prier, aucun dieu ni aucune déesse ne semble l'entendre. Soudain, il se souvient que sa femme Clothilde est chrétienne et croit en dieu. Il regarde donc le ciel et dit : « *Dieu, si je gagne cette bataille, je serai chrétien !* »

Aussitôt les Alamans battirent en retraite. Les Francs ont gagné. Clovis se fit baptiser dans la cathédrale de Reims.

Clovis eut plusieurs enfants et ce fut le début de la dynastie des Mérovingiens. Car le grand-père de Clovis s'appelait Mérovée.

Chez les Francs la coiffure était très importante. Clovis lui-même avait les cheveux longs.

Vers le sud du royaume franc, les guerres continuaient. Dans une église, Clovis voulut reprendre un vase, le vase de Soissons. Un soldat s'approche et crie : « *Voilà tout ce que tu auras !* ».

Clovis reste calme et dissimule sa colère par un regard froid. Un an plus tard, il passe en revue ses troupes. Il reconnaît le fameux soldat. Clovis l'attrape et crie : « *Voilà ce que tu as fait au vase de Soissons !* ». Et il lui coupa la tête !

Romanes, gothiques, les cathédrales furent nombreuses à être construites. La mort de Clovis fut terrible pour le royaume franc. Parce que ses successeurs furent, pour moi, les pires rois de France.

Mais je ne suis point là pour juger mais pour raconter.

LE DÉSASTRE MÉROVINGIEN

Clovis était malin car il a su appliquer ce qu'Otto von Bismarck appliquera plus tard qui est, la Realpolitik. La Realpolitik consiste à changer d'alliés en fonction de ses intérêts.

Clovis a accepté de devenir chrétien pour mieux les gouverner. Mais venons-en aux Mérovingiens. Les descendants de Clovis sont de mauvais rois. Parce que leurs règnes sont courts, ils meurent très facilement et sont mauvais dans les domaines de la guerre. Mais les descendants de Clovis comme Childéric II, ou bien Clovis II continuent à conquérir le sud jusqu'à remplir l'actuel hexagone dans lequel nous vivons.

Certains rois meurent bêtement. Comme Clotaire II qui meurt en tombant de son cheval. Mais le royaume des Francs va être menacé par les invasions arabes au sud. Le roi actuel des Francs, Childéric III n'est pas mieux que ses prédécesseurs. Au contraire c'est même l'un des plus mauvais. Les Arabes avancèrent facilement jusqu'au royaume franc. C'est donc Charles Martel, un ministre du roi, qui va prendre les rênes de l'armée.

L'armée arabe arrive donc à Poitiers. C'est là que Charles Martel remporte la bataille de Poitiers. Il commande le royaume franc comme s'il était le roi. Mais il faut rappeler qu'à cette époque le roi ne commandait pas autant que dans le futur. Le roi commandait Paris et les forets autour. Le reste était dirigé par des comtes et par des seigneurs. L'Église jouait un rôle fondamental dans la pratique du pouvoir.

Charles Martel avait justement un fils qui s'appelait Pépin le Bref. Ce dernier, vous allez voir, va faire un coup de maître dans le prochain chapitre.

PÉPIN LE BREF ET CHARLEMAGNE

Pépin le Bref profite de la faiblesse de son père pour prendre le pouvoir et devenir le roi de France. Je vais parler de France car, je ne sais pas de quelle nation parler…

Pépin le Bref fonde ainsi la dynastie des Carolingiens. Quant à Childéric III, il fut torturé, fouetté, rasé et tué. Pépin le Bref fait des guerres en actuelle Italie et en Germanie.

Pépin le Bref commença donc la conquête du futur empire de son fils. Mais, plus au nord de l'Europe, une menace se prépare : les Vikings. Le duc de Normandie, Guillaume le Conquérant, conquit l'Angleterre.

Pépin Le Bref décéda avec deux héritiers au trône, Charles et Carloman. Le royaume de Pépin le Bref est divisé en deux entre Charles et Carloman. Mais Carloman décède et Charles hérite de tout.

Il s'est très vite converti au christianisme. Il fait d'abord face aux invasions vikings au nord. Il se lance dans des guerres pour poursuivre la construction de l'empire commencé par Pépin le Bref.

Pendant 1500 ans, les souverains français ont tenté de reproduire l'Empire romain. Charlemagne dit Charles le Grand, incarnait ce rêve français. Il forme, ce que l'on appelle, l'empire d'Occident.

L'empire d'Occident comporte l'Italie, l'Allemagne et la France. Il convertit les peuples de force au christianisme. Ça s'appelle l'évangélisation. Charlemagne est sacré empereur à Rome en l'an 800 par le pape Léon III. Il est donc nommé Carolus Magnus qui veut dire en latin Charles le Grand.

Il avait deux conseillers, Ganelon et Roland. Roland lance même à Ganelon : « *Pourquoi n'iriez-vous pas faire l'embrassade auprès des Espagnols ?* ». Ganelon, extrêmement vexé par cette parole, fit en sorte que Roland tombe dans une embuscade de l'armée espagnole. Charlemagne dit à Roland que, s'il était en danger, il fallait souffler dans la corne. Roland en pleine embuscade souffle dans la corne. Mais Ganelon dit à Charlemagne que ce n'était qu'un chasseur qui chassait. Comme rien ne se produisait, Roland souffla plus fort et ses veines explosèrent.

Aveuglé par le sang, Roland tue par erreur son meilleur ami. Et au moment où Charlemagne arrive sur les lieux de la bataille, Roland meurt en tombant dans un creux qu'il a fait en cassant son épée.

Les parchemins disent que Roland serait le neveu de Charlemagne, et pas juste un comte, pour rendre sa mort plus grave.

À cette époque, il y avait trois empires rivaux avec l'empire Franc, l'empire des Maures en actuelle Espagne et en Algérie, et l'empire Ottoman regroupant la Grèce et la Turquie. L'empire Franc de Charlemagne était le moins puissant des trois empires.

Charlemagne fit la guerre aux Maures et prit ainsi les Pyrénées côté espagnol. À cette époque-là, les Francs étaient plus une classe politique qu'un peuple. Il forma ainsi un Saint-Empire franco-germanique-italien. Il est le premier empereur de l'histoire de France. Il reste néanmoins proche de sa famille. La signature de Charlemagne est une croix avec les lettres CAROL, qui sont en quelque sorte les initiales de Carolingien.

Charlemagne restaura l'école dans les campagnes. C'est de là qu'est partie la rumeur qu'il aurait inventé l'école. Mais cette rumeur est fausse. Charlemagne décède en l'an 814 et son règne finit ainsi.

LES CAROLINGIENS ET LE TRAITÉ DE VERDUN

En 843, avec le traité de Verdun, l'empire est partagé en trois. Un éternel débat va se créer. Certains pensent que l'Allemagne et la France ont été créées au traité de Verdun. Je pense qu'il y avait déjà deux peuples et que c'est pour cela que le traité de Verdun a choisi de diviser ces deux peuples. Mais ce que je vous dis n'est historiquement et archéologiquement pas prouvé.

La France revient à Charles le Chauve. L'Allemagne revient au roi de Germanie, et l'Italie à Lothaire. Mais l'histoire se répéta et les Carolingiens, descendants de Pépin le Bref, ne furent pas mieux que les Mérovingiens descendants de Clovis. Ils sont néanmoins moins mauvais que les Mérovingiens.

L'Europe occidentale conquise par Charlemagne est chrétienne car Charlemagne les a évangélisés.

Voilà comment la société est organisée à cette époque. Il y a le paysan qui représente une grande partie de la population. Il y a les comtes et les chevaliers. À cette époque-là, les comtes ont une grande partie du pouvoir. Et enfin, il y a les prêtres. Le paysan paye des taxes et des impôts. Le comte et le curé ne payent pas d'impôt ou de taxe.

Le roi de Germanie annexe l'Italie et forme ainsi le Saint-Empire germanique. Les rivalités franco-germaniques naissent à ce moment-là, avec la concurrence du blé et du textile.

Ce sont toujours à ces endroits qu'il y eut des guerres en raison du fait qu'il y a l'agriculture du blé et qu'il y a des plaines et non des montagnes.

La dynastie carolingienne fut l'une des plus courtes de l'histoire de France. Charlemagne nous laissa un héritage.

HUGUES CAPET ET LE DÉBUT DES CAPÉTIENS

En 987, Hugues Capet est élu roi de France. On nomme ainsi Hugues Capet car il portait une cape, d'où ce nom. Il forme ainsi la dynastie capétienne.

Il est sacré à Reims où il reçoit les insignes du pouvoir capétien. Il fait aussi élire son fils pour lui succéder. Mais le pouvoir du roi est limité par la puissance des seigneurs féodaux. Les seigneurs trahissent le roi dès que leurs intérêts sont en jeu. Ils profitent même des invasions normandes et de la grande insécurité pour bâtir des châteaux forts et contrôler ainsi les régions. Les Capétiens sont de meilleurs rois que les Mérovingiens et les Carolingiens. Et c'est à la période des Capétiens que l'Église et la religion chrétienne vont jouer un rôle fondamental, dans la pratique du pouvoir.

LES BONS ROIS DE FRANCE

Louis VI le Gros n'est pas sacré à Reims comme ses prédécesseurs. Louis VI est un bon roi. Il prend soin du peuple. Il écrase le seigneur de Montlhéry qui empêchait les commerçants de circuler librement sur la voie de Paris-Orléans.

Son successeur, Louis VII, entame la construction de la cathédrale Notre-Dame de Paris. En France, commence le développement des cathédrales.

Le successeur de Louis VII est Philippe Auguste qui règne de 1180 à 1223. Philippe Auguste est un roi très important. C'est sous Philippe Auguste que le roi contrôle vraiment la France. Il élargit le domaine royal et c'est sous son règne qu'ont lieu de grandes croisades dans le but de reprendre Jérusalem et la Terre sainte, ou contre les Albigeois en 1209. Il affirme avec fermeté son autorité sur le comté de

Toulouse. En 1214, il bat ses ennemis, l'empereur d'Allemagne et le comte de Flandre, à Bouvines. Il crée une administration chargée de mettre en valeur le territoire français.

Son successeur est Louis VIII le Lion. Lui aussi se lance dans les croisades mais ne règne que trois ans.

Son successeur est Louis IX, plus connu sous le nom de Saint Louis. C'est un si bon roi de France qu'il est canonisé Saint, moins de trente ans après sa mort. Il est roi à douze ans. C'est donc sa mère Blanche de Castille, petite fille d'Henri II, et d'Aliénor d'Aquitaine qui règne jusqu'à sa majorité.

Le 21 juillet 1242, une bataille décisive entre la France et l'Angleterre éclate. L'armée française gagne.

Il conclut la paix avec l'Angleterre en 1258. La France devient l'arbitre des grands conflits européens.

Saint Louis avait une morale de vie vouée à la religion. Saint Louis persécute les juifs en France ainsi que les cathares. Saint Louis est un roi qui se lance dans de grandes croisades. Il rend la justice sous un chêne. Il est d'ailleurs connu pour ça.

De 1248 à 1254, il mène la septième croisade pour tenter de reprendre Jérusalem en Terre sainte. Mais il échoue.

Il développe encore plus l'administration que ne l'avait commencé Philippe Auguste. Il modernise le système financier de la France. Saint Louis interdit aux évêques d'envoyer de l'or au pape. Il fait gifler et arrêter le pape Boniface VIII. Il fait aussi emprisonner les moines templiers et brûler leur chef afin de s'emparer de leur trésor. Lors de sa huitième croisade, il s'attaque à Tunis. Mais le roi est souffrant d'une maladie qu'il eut au cours de l'une de ses nombreuses croisades.

En 1270, Saint Louis meurt pendant une bataille contre les Arabes.

PHILIPPE IV LE BEL AUX PORTES DE LA GUERRE

À la mort de Saint Louis en 1270 lui succède Philippe le Hardi. Il est très courageux au combat. En 1279, il signe le traité d'Amiens qui cède l'Agenais aux Anglais en échange d'un serment de fidélité.

Philippe le Hardi se lance dans une croisade contre la maison d'Aragon. La maison d'Aragon avait pris la Sicile. Malheureusement, en 1282, les Siciliens se révoltent. Philippe le Hardi riposte en marchant sur Gérone. Le roi meurt le 5 octobre 1285.

Son successeur est Philippe le Bel. Tout le peuple de Paris est extrêmement touché par sa beauté. Il est l'un des rares rois à faire l'unanimité dans le Royaume. Le 11 juillet 1302 le conflit avec l'Angleterre reprend. Alliés avec les Flamands, les Français sont écrasés à la bataille des éperons. Mais les Flamands sont battus l'année d'après à Mons-en-Pévèle.

Le 13 juin 1305, Philippe IV le Bel parvient à signer le traité d'Athis. Le traité d'Athis taxe lourdement le peuple Flamand. Afin de financer la guerre, il truque la monnaie, tout simplement en réduisant sa teneur en or. Il se dresse aussi contre l'ordre militaire des templiers. Mais quelque chose de grave va se passer pour l'époque. Jacques de Molay est un grand templier qui, sur l'ordre du roi Philippe le Bel et du pape Clément V, est brûlé sur le bûcher à Paris. Mais avant de mourir, il maudit le Roi, sa famille et le pape Clément V. À première vue cela semble être faux. Pourtant le 20 avril 1314, le pape Clément V décède d'étouffement. Le 29 novembre 1314, c'est Philippe le Bel qui décède d'un ictus cérébral…

LA GUERRE DE CENT ANS

Les trois enfants de Philippe IV le Bel n'eurent pas de descendants hommes. Pour des raisons familiales, et de liaisons, la couronne du trône de France revient au roi d'Angleterre. Afin que cela n'arrive pas, les Français créèrent la loi Salique. La loi Salique implique que les femmes n'ont pas le droit d'être au pouvoir en France. Les Français passent donc sur la dynastie des Valois qui font partie des Capétiens mais qui sont sur la branche cousine de la lignée. Le roi d'Angleterre, Édouard III, pense qu'il est le seul héritier de la couronne de France. Le nouveau roi de France est donc Philippe VI de Valois.

Mais la guerre entre la France et l'Angleterre éclate. Trois mille navires anglais franchissent la côte française. Les Anglais attaquent le Royaume et s'emparent vite des Hauts de France. La bataille commence. Ce sont 50 000 Français qui vont se mesurer à 30 000 chevaliers anglais. Mais les Français sont tellement nombreux qu'au combat ils se gênent. Les Anglais gagnent donc la bataille. Les Anglais se débrouillent vite pour gagner le soutien de la population. Peu sont les endroits du Grand Est qui restent fidèles au roi de France. Mais les Anglais sont battus au sud de Poitiers par le nouveau roi de France, Jean II le Bon. Mais les Anglais assiègent Bordeaux, la capitale actuelle du roi. Paris est vite prise et le malheur se répand. Beaucoup de seigneurs français trahissent le roi.

Les Anglais eurent des alliés, les Bourguignons. Cette guerre eut plusieurs longues trêves. La Flandre décide de se tourner vers les Anglais plutôt que la France. La guerre eut une longue trêve de trois ans, à cause de la maladie de la Peste noire qui tua un tiers du continent européen. Au bout de trois ans de misère totale, cette maladie est éradiquée. La guerre reprend mais elle coûte cher. Et les Français sont de plus en plus battus : Paris, les Hauts de France, le Grand Est, l'Aquitaine et bientôt le Centre seront conquis. C'est presque tout le pays qui est sous possession anglaise.

Charles V le Sage succède à Jean II le Bon. C'est à peine s'il sait manier une épée. Malheureusement pendant une bataille au nord du Pays de la Loire une grande partie de la noblesse française est capturée et exécutée sous l'ordre du roi d'Angleterre. C'est une horreur en France.

Charles VI succède à Charles V et devient ainsi le nouveau roi de France. Malheureusement Charles VI a un gros problème psychologique. Il est fou, ivre de guerre. Il est surnommé Charles VI le Fou. Pendant une bataille contre les Anglais, il tue deux de ses nobles.

À présent, peu nombreuses sont les terres restées fidèles au roi de France. Malheureusement, presque tout le territoire français est conquis par l'Angleterre. Si un roi ne redresse pas son armée rapidement, les Anglais auront conquis la France.

Le roi Charles VI le Fou meurt d'une maladie. Une jeune femme, Jeanne, entend des voix. C'est Dieu qui lui demande de trouver le dauphin du roi et de permettre à la France de battre l'Angleterre. Elle est surnommée Jeanne d'Arc. Avec Charles VII, le dauphin en question, ils gagnent la bataille d'Orléans contre les Anglais. Puis en 1428 ce fut le tour de Paris qui fut plus dure à reprendre. Bientôt, ils partent à la reconquête du royaume de France.

Jeanne d'Arc réussit à faire sacrer le roi Charles VII à Reims en 1429. Mais maintenant Jeanne d'Arc n'a plus de rôle à jouer. Elle a accompli sa mission envers Dieu. La France est en train de gagner la guerre. Mais, aux portes d'une grande bataille face aux Anglais devant Paris, Jeanne d'Arc est capturée par les Anglais et conduite à Rouen. Mais Charles VII ne négocie même pas avec les Anglais pour la faire libérer. Afin d'avoir le soutien de la population locale, les Anglais font juger Jeanne d'Arc par des Français. C'est l'évêque de Beauvais qui instruira le procès, l'évêque Cauchon. Mais le plus important c'est que les Anglais ont perdu la guerre et le Royaume de France entier est sauvé.

Les Anglais quittent la France et ne gardent que la ville de Calais. Charles VII est surnommé Charles VII le Victorieux. Jeanne d'Arc, elle, est brûlée sur le bûcher à Rouen.

Ainsi se finit la guerre de Cent Ans.

LOUIS XI

À la mort de Charles VII, c'est son fils Louis XI qui lui succède. Louis XI est un roi petit, calme et assez laid. Il hérite d'un beau et grand royaume. Mais il a un cousin, le duc de Bourgogne, Charles le Téméraire.

Charles le Téméraire ne s'entend pas avec Louis XI. Lorsqu'ils furent sur le point de signer un important traité de paix, un conseiller du duc Charles le Téméraire lui dit que les habitants de Liège ne veulent obéir qu'a Louis XI. Charles le Téméraire fait emprisonner le roi de France.

Il vint une idée à Louis XI, un stratagème très audacieux. Louis XI demande à son cousin de le libérer. Charles le Téméraire accepte mais en échange ils iront détruire la ville de Liège déguisés en soldats. Après ça, les autres États européens se moquèrent de Louis XI.

Louis XI allait donc se venger car son plan marchait parfaitement. Le but de Charles le Téméraire est de bâtir un empire qui prendrait l'ouest de l'Allemagne, ainsi que le nord et l'est de la France. La guerre entre la France et la Bourgogne éclate donc.

Très vite les Bourguignons attaquent Beauvais. Heureusement, Jeanne Laisné, dite Jeanne Hachette, défend la ville de Beauvais en attendant que les troupes du roi Louis XI arrivent. Charles le Téméraire échoue dans la construction de son empire. Louis XI conquit la Bourgogne qui fut annexée au Royaume de France. Charles le Téméraire tente d'attaquer la Suisse mais se fait dévorer par des chiens dans la neige. Louis XI récupère la ville de Liège ainsi que toute l'actuelle Belgique annexée par la France.

Louis XI ne fut pas un roi d'une grande élégance, mais dans l'ensemble un bon roi. Si Louis XI avait perdu contre le duc de Bourgogne, la France n'aurait peut-être jamais existé. Il ne manque plus que la Bretagne pour faire l'hexagone parfait.

CHARLES VIII ET LE DÉBUT DE LA RENAISSANCE

À la mort de Louis XI en 1483, il offre à son fils Charles VIII un royaume vaste et développé économiquement. Charles VIII épouse la fille du roi de Bretagne. Celle-ci est ainsi rattachée à la France.

Le monde est en pleine croissance économique et en pleine renaissance. Un inventeur allemand, nommé Gutenberg, invente l'imprimerie. Le livre change le monde !

Puis ce fut Louis XII qui succède à Charles VIII. C'est un homme laid mais que la fille du roi de Bretagne finit par aimer. Louis XII est petit et laid. On le surnomme même Louis XII le Pauvre.

Puis François Ier prend la succession. L'Europe, à l'époque, comporte trois grandes puissances : l'empire espagnol, l'Angleterre et la France. L'empire espagnol est de loin le plus grand.

La famille des Habsbourg a pris l'Espagne, l'Italie et l'Allemagne. C'est Charles Quint qui est sur le trône Habsbourg. François Ier eut le règne de la Renaissance avec le peintre italien Léonard de Vinci. Ce dernier peint le tableau de la Joconde et invente la machine d'aviation, révolutionnaire pour son temps. Le tableau est exposé au Louvre, lieu du cœur de l'histoire de France.

En 1515, François Ier remporte la bataille de Marignan. François Ier part faire la guerre à Charles Quint avec l'ambition de conquérir le nord de l'Italie. Mais il est battu et fait prisonnier par l'armée de Charles Quint. Les Français durent payer une forte somme d'argent pour faire libérer leur roi. François Ier finit par faire la paix avec Charles Quint et l'accueille dans le château de Chambord pour l'impressionner. C'est un roi qui, quoi qu'il arrive, pense avoir raison.

La France continue à se développer aussi bien économiquement que militairement. Lorsque François Ier meurt, c'est Henri II qui lui succède. Henri II est le nouveau roi et il épouse la fille du pape, Catherine de Médicis. Mais Henri II meurt pendant un combat à la lance. Il mit deux jours à mourir.

Catherine de Médicis devient régente du Royaume de France. Cette dernière mettra au monde trois rois de France. Le premier, François II ne règne qu'un an. Vient ensuite Charles IX mais il meurt bêtement.

C'est Henri III qui lui succède. Sa mère, la reine Catherine de Médicis lui demande de tuer les protestants qui sont à l'opposé des catholiques. Ce fut la Saint-Barthélemy. Les catholiques tuèrent des milliers de protestants.

Henri III meurt assassiné par un moine qui lui plante un couteau dans les intestins.

HENRI IV ET LOUIS XIII

Lorsqu'Henri III mourut, il n'avait pas de descendant. Son frère mourut avec un fils. Mais c'est un protestant. C'est Henri IV qui, pour devenir roi, dut devenir catholique. Henri IV avait compris que la richesse des protestants aidait la France. Il fit donc signer l'édit de Nantes. L'édit de Nantes permit aux protestants d'exercer leur culte librement, ainsi que de ne plus être martyrisés par les catholiques.

Henri IV fut l'un des premiers rois à s'allier avec les princes allemands contre les Anglais. Cet homme, qui est malin, changeait d'alliés en fonction de ses intérêts politiques. On y retrouve la fameuse Realpolitik utilisée par Clovis.

Henri IV est un bon roi à la fois catholique et à la fois protestant. Mais les dernières années de sa vie ne sont guère joyeuses. Il reste enfermé dans son palais en se disant : « *Ils me tueront, ils me tueront* ». Un jour, Henri IV sort dans un carrosse. Un fanatique nommé Ravaillac le poignarde. Le roi crie : « *Je vais bien !* ». Puis il le répéta plusieurs fois mais d'une voix si faible qu'à peine on ne put l'entendre. Henri IV mourut. Ravaillac fut écartelé. Il espérait déclencher un conflit religieux. Mais au contraire les bases données par Henri IV se sont révélées bonnes.

En 1610, c'est Marie de Médicis qui exerce la régence en attendant la majorité du jeune Louis XIII. À la majorité de Louis XIII, il choisit le cardinal de Richelieu. Très vite, ce dernier doit faire face à la guerre contre l'Espagne. La guerre dure 30 ans et Richelieu applique sa fameuse Realpolitik. Le roi Louis XIII meurt en 1643 précocement. Mais la France gagne contre Ferdinand III en 1648. C'est la fin de la suprématie des Habsbourg.

LOUIS XIV ET LE TEMPS DE MOLIÈRE

En attendant la majorité de Louis XIV, c'est sa mère Anne d'Autriche qui assure la Régence. Le cardinal de Mazarin obtient un grand succès, le traité des Pyrénées qui assure la paix avec les Espagnols pour un bon moment. Le début du règne de Louis XIV est aussi le début du temps de Molière. Molière écrit de formidables pièces de théâtre.

Enfant, Louis XIV fit face à la Fronde. C'est pour ça qu'au pouvoir, Louis XIV invite tous les nobles à Versailles dans son nouveau palais. Louis XIV développe la marine française. Il commence les fortifications Vauban à l'image d'un soleil. Il reconquit le royaume jusqu'à Lille.

Louis XIV et Mazarin font de grandes réformes. Mais une guerre entre la France et l'Angleterre, plus une grande partie de l'Europe, éclate. La France, à cette époque, est la plus grande puissance du monde avec l'Angleterre. Lors d'une bataille navale entre les corsaires français de Saint-

Malo et les Anglais, les Français gagnent. Les Anglais vexés d'avoir perdu rétorquent : « *Vous les Français, vous ne vous battez que pour de l'argent ; nous les Anglais, nous nous battons pour de l'honneur* ». Le Français répondit : « *Eh bien, mon cher Monsieur, chacun se bat pour ce qu'il n'a pas* ».

Après une bataille, la France perdit. Mais les pertes anglaises furent colossales. Un serviteur de Louis XIV dit : « *Encore une défaite comme celle-là et nous avons gagné* ». Pour la première fois, Louis XIV fit une lettre à tous les Français pour expliquer pourquoi il continuait la guerre contre l'Angleterre qui semblait pourtant perdu. Après plusieurs batailles navales dans la Manche, les Français gagnèrent finalement.

Le règne de Louis XIV commence à durer. Il se vante d'être le premier roi de France à connaître ses arrière-petits-enfants. Mais le roi doit faire face à la révolution Lustucru. Mais cette révolution est rapidement matée.

Lorsque Louis XIV s'ennuyait, il partait chasser. Un écrivain, Jean de La Fontaine, sans doute l'un des plus grands écrivains français, écrivit des fables. Dans une de ses fables, il représente le roi comme un corbeau et lui comme un renard. Le roi se fait facilement avoir en étant flatté.

Louis XIV avait comme ministre des finances Colbert. Mais Louis XIV fait vivre le peuple français dans une misère terrible. À Versailles, certains médecins disent que la pomme de terre est toxique. Louis XIV, pour humilier ces médecins, se fit servir une purée de pomme de terre. En l'an 1715, Louis XIV a 77 ans ce qui est extraordinaire pour l'époque. Mais il sent que ses forces le lâchent peu à peu. L'héritier du trône est son arrière-petit-fils, le jeune Louis XV. Dans son lit avant de mourir, il dit à Louis XV : « *J'ai fait trop de guerres, ne faites pas comme moi* ».

Ainsi mourut le grand roi Louis XIV.

LOUIS XV ET LES GERMES DE LA RÉVOLUTION

L'arrière-petit-fils de Louis XIV, Louis XV, hérita du trône de France. Mais en attendant sa majorité, c'est un autre ministre qui exerce la régence. Pendant ces années, tout n'est que fêtes, chasses et banquets. Voltaire se retrouve impliqué malgré lui dans un complot contre le régent. Pour cela, il retourne une nouvelle fois à la Bastille. En sortant de la Bastille, Voltaire écrit Œdipe, une pièce de théâtre qui fait polémique et scandale dans le Royaume. Voltaire part donc s'exiler en Angleterre où il rencontre un certain Shakespeare.

Louis XV, à peine au pouvoir, reçoit une lettre de Voltaire lui demandant l'autorisation de la publication de La Henriade. Louis XV accepte d'abord. Mais le cardinal de Fleury persuade Louis XV de refuser car Voltaire dénonce la Saint-Barthélemy donc indirectement le régime de

Louis XIV, en outre celui de Louis XV. Voltaire s'indigne donc : « *L'Angleterre est –il le seul pays où la liberté existe ?!* ». Cette phrase vaut son arrestation immédiate. Un ami de Voltaire l'aide à se cacher. Voltaire s'exile. Il mourra en 1778.

Louis XV s'en tient à ce que lui a dit Louis XIV. Il ne fait pas trop de guerres. Mais il provoque indirectement ce que l'on appelle les germes de la Révolution. Au moment où il est roi, les Français commencent de plus en plus à savoir lire et écrire ce qui fait circuler les opinions politiques, et aussi les personnalités qui feront avancer l'époque : Voltaire, Rousseau, Molière et Casanova. Louis XV eut une liaison avec Madame de Pompadour. Malheureusement, une guerre coloniale éclate contre l'Angleterre. Les Français, qui contrôlaient l'Amérique du Nord, sont battus ; en Inde aussi. C'est la guerre de Sept ans.

La France a perdu à cause de la politique désastreuse du roi Louis XV influencée par Madame de Pompadour. Les Français ont détesté Madame de Pompadour. Un courant, qu'on dirait aujourd'hui antiféministe, se créa. Il commença avec Rousseau, se continuera avec Robespierre et se terminera avec Napoléon.

Louis XV échappe de peu à la mort. Un homme le frôle avec un couteau. Cet homme est écartelé. Pour la monarchie, Louis XV va être une bombe à retardement qui par chance explosera après son règne.

Les Français rachetèrent la Corse en 1768. Dans les dernières années de sa vie, Louis XV sait qu'une révolution menace d'éclater sur la France. Mais ce sera à son successeur d'en payer le prix.

Le fils ainé de Louis XV meurt ce qui laisse Louis XVI monter sur le trône de France.

LA RÉVOLUTION FRANÇAISE

Le jeune Louis XVI, marié à Marie-Antoinette, arrive au pouvoir avec une France plus que révolutionnaire. Il paye très rapidement les germes de la Révolution. L'évènement déclencheur est la crise économique de 1788.

Dix ans plus tôt mourraient Voltaire et Rousseau. Débutait maintenant le temps de Mirabeau.

Le 14 juillet 1789, le peuple français prend la prison de la Bastille et met la tête de son gouverneur sur une pique. C'est un grand symbole de la Révolution. Le roi Louis XVI est un homme doux qui aurait fait un parfait ministre dans les temps tranquilles. Il est assez proche du peuple. Mais le métier de roi l'effraie. « *Ciel nous mourrons trop jeunes, gardez-nous vivants* », dit-il.

La France à cette époque est le pays le plus peuplé d'Europe avec 28 millions d'habitants et 50 %

de la population adulte savait lire et écrire. C'est cela qui causera la Révolution. Les pays les plus peuplés de jeunes populations savant lire et écrire tombent en Révolution.

Certains députés du roi sont révolutionnaires. Comme Robespierre qui, en 1793, fait décapiter les députés Girondin. C'est grâce à la nouvelle invention de Monsieur Guillotin, la guillotine. En 1792, le roi perd le pouvoir et la Première République est proclamée. En 1793, le roi Louis XVI est capturé par le peuple et réside dans un hôtel à Paris. Le peuple l'emprisonne car il a tenté de détruire la Révolution en s'appuyant sur le frère de sa femme, l'empereur Léopold II.

Louis XVI s'échappe. Lorsqu'il s'arrête avec sa famille pour manger, l'homme eut un doute. La seconde fois, on le reconnait et le roi est à nouveau capturé pour un retour à Paris. À l'Assemblée nationale, on vote pour ou contre sa mort. Toute la journée, on fait un « *pour* », un « *contre* ». À la fin, il y a 60 voix contre et 61 voix pour. Au moment où l'on s'apprête à lui couper la tête, il crie à la foule : « *Français, je meurs innocent et je veux que ma mort soit...* ». Mais il n'eut pas le temps de finir sa phrase. Le 21 janvier 1793, à 10 h 22, le bourreau montre la tête du roi ensanglantée au peuple. En octobre, ce fut le tour de Marie-Antoinette.

Louis XVII, le fils de Louis XVI, meurt en captivité en 1795.

La Terreur commence avec le député Robespierre qui décapite tous les opposants à la Révolution. Mais en 1793, le lieutenant Napoléon Bonaparte remporte la bataille de Toulon contre les Anglais. Les tambours de la Révolution française résonnèrent jusqu'au Luxembourg. Le nouveau drapeau français est bleu, blanc, rouge. Le bleu symbolise la nouvelle République, le blanc, l'ancienne monarchie et le rouge, les sans-culottes de Paris. Danton, ami du député Robespierre, quitte la vie politique pour prendre plus de temps pour sa famille. Robespierre le fait décapiter. Robespierre dit un jour à l'Assemblée nationale : « *Périssent les colonies plutôt qu'un principe* ».

Un Montagnard nommé Marat se fait tuer par sa compagne. En 1794, la Terreur s'achève avec la mort de Robespierre. En 1795, le Directoire est mis en place. Le général de l'armée d'Italie, Napoléon Bonaparte, remporte la bataille du pont d'Arcole, puis de Rivoli grâce à Masséna et la bataille de Marengo. C'est grâce à la bataille de Marengo que la Révolution l'a emporté, en outre grâce à Napoléon.

En 1799, Napoléon Bonaparte, grâce à l'aide de son frère Lucien Bonaparte, met fin à la Révolution grâce à un coup d'État le 18 Brumaire de l'an VIII, autrement dit le 9 Novembre 1799. Le Directoire est renversé. La Révolution aura duré dix ans.

Ce fut surtout dix ans de morts et de malheurs. Certes la Révolution s'arrête, mais les guerres qu'elle va mener viennent à peine de commencer. Elles seront incarnées par Napoléon Bonaparte.

NAPOLÉON BONAPARTE, L'EMPEREUR

Le jeune ancien petit lieutenant Napoléon Bonaparte s'était illustré à Toulon face aux Anglais, et avait permis à la France de gagner grâce à ses batailles en Italie, Rivoli, Arcole et Marengo. Après avoir porté les couleurs françaises jusqu'en Égypte, il finit par se faire sacrer empereur le 2 décembre 1804 à Notre-Dame de Paris par le pape Pie VII.

Napoléon lui arrache la couronne des mains pour symboliser qu'il est couronné par le peuple français et non par Dieu. Mais les Anglais refusent. Il tente d'effectuer un débarquement en Angleterre. Mais la bataille navale de Trafalgar est un fiasco. Les Français sont battus. Mais l'amiral Nelson est mortellement blessé. L'amiral français Villeneuve se suicide par honte de passer devant l'Empereur.

En 1805, Napoléon se concentre sur la campagne d'Autriche. L'armée de Napoléon rencontre l'armée autrichienne de François Ier et l'armée russe d'Alexandre Ier. Les trois armées se rencontrent près du village d'Austerlitz et du plateau de Pratzen. Napoléon Ier, sûrement le plus grand stratège de l'histoire, élabore une stratégie. Il présente devant l'armée autrichienne et russe une petite armée française qu'il laisse reculer. Mais une grande armée française prend l'armée russe par le haut et en quatre heures : plus d'armée russe. C'est de même pour l'armée autrichienne. Ainsi Napoléon gagna la bataille d'Austerlitz, la bataille des Trois empereurs.

Napoléon crée le code civil, le code Napoléon. Napoléon s'empare de la ville de Vienne. En 1806 commence la campagne de Prusse. La bataille d'Iéna est le choc des Titans. Mais l'armée française de Napoléon Ier réduit en lambeaux l'armée prussienne. Napoléon Ier met son beau-frère Joachim Murat sur le trône de Naples. Après la bataille d'Iéna, l'armée française entre dans Berlin. Puis dans l'hiver 1806, débute la campagne de Pologne. En 1807 la France est aux portes de la Russie. À Tilsit, Napoléon conclut un accord avec la Russie. L'Europe est partagée entre la Russie et la France. Un blocus anglais est créé des côtes norvégiennes jusqu'en Espagne. Mais le Portugal refuse le blocus anglais car ils sont alliés avec l'Angleterre. Napoléon doit donc envahir le Portugal afin de faire passer le blocus anglais. Mais il faut passer par l'Espagne.

En 1808 commence la campagne d'Espagne. Cette campagne fut meurtrière. Madrid est vite prise. Quand l'Espagne entière est conquise, il met sur le trône d'Espagne son frère Joseph Bonaparte, après Joachim Murat, son beau-frère, sur celui de Naples et sur celui de Hollande, Louis Bonaparte. Pauline Bonaparte est faite duchesse en Italie.

La campagne du Portugal s'achève en 1809 après la bataille de Porto, une victoire française.

On annonce à Napoléon que Joséphine l'impératrice, sa femme, est stérile. Comme il faut un descendant, Joséphine accepte de divorcer pour le bien de la patrie. Le roi d'Autriche offre sa fille Marie-Louise en mariage à l'Empereur alors qu'elle n'a que 19 ans. En 1811, Marie-Louise accomplie sa mission et donne un héritier à l'empereur. C'est Napoléon II. Il devient le roi de Rome. Napoléon Ier est à son apogée.

Talleyrand, ministre des affaires étrangères, gâche l'amitié de Napoléon avec le tsar de Russie. Talleyrand n'est qu'un traitre ! Napoléon aurait dû le faire fusiller ! Cela conduit à la campagne de Russie pendant l'hiver 1812. Les pertes françaises sont colossales. La bataille de la Moskova est une victoire mais avec beaucoup de morts. Les Russes font la guerre en brûlant tout, les vivres, les ressources et les villes.

L'armée de Napoléon Ier découvrit une ville de Moscou en flammes. Puis eut lieu la grande retraite de Russie.

En 1812, Napoléon fait la bataille de la Bérézina. C'est un fiasco total. Mais Napoléon est sauvé par l'arrivée de ses généraux. La Bérézina est une victoire mais avec beaucoup de morts et de prisonniers.

Puis l'Europe entière s'unit avec les Anglais contre la France. Les pays conquis se délivrent. Napoléon Ier scelle sa défaite à Leipzig en 1813. Joachim Murat trahit l'empereur en 1814. Fouché, le ministre de la police donne les positions françaises aux Autrichiens. En 1814, la France capitule face aux coalitions. Napoléon Bonaparte est battu. Napoléon Bonaparte est exilé sur l'île d'Elbe. Mais il s'échappe et revient en France pour les Cent-jours.

En 1815, il reprend les commandes et chasse les Autrichiens et les Prussiens pendant la campagne de France. Pour la campagne de Belgique, Murat revient et propose son aide à Napoléon. Napoléon qui lui en veut de l'avoir trahi et refuse. Napoléon affronte les Anglais et les Prussiens à la bataille de Waterloo. Mais Napoléon commet une erreur stratégique et attend trop longtemps avant de poursuivre les Prussiens. Blücher revient alors que les Français étaient sur le point de vaincre les Anglais du duc de Wellington. Les Anglais et les Prussiens gagnent et les

Français sont battus. Napoléon est exilé à Sainte-Hélène où il passera les dernières années de sa vie. Il écrira son mémorial.

Le 5 Mai 1821 à 17 heures 49 le plus grand personnage de notre histoire mourut. « *Mon fils… tête de l'armée…* » sont ses derniers mots.

Les guerres napoléoniennes furent deux choses : les guerres de la Révolution que Napoléon a incarnées, et l'aboutissement de 1 500 ans d'histoire à tenter de refaire l'Empire romain.

Napoléon finit de parfaire sa gloire en rédigeant ses mémoires. D'où la célèbre phrase : « *Les hommes de génie sont des météores destinés à bruler pour éclairer leur siècle* ».

LE RETOUR DES BOURBONS

À l'abdication de Napoléon en 1814 puis à Waterloo en 1815, Louis XVIII le frère de Louis XVI est remis sur le trône de France. Louis XVIII se montre bon roi et restaure le palais Bourbon. Sous le règne de Louis XVIII, la France changea de cap. La France se préoccupa uniquement de son territoire. Le retour des Bourbons est marqué par la révolution industrielle. C'est le début de la locomotive à vapeur et du temps des grandes inventions. En 1824, Louis XVIII meurt et n'ayant pas d'enfant, c'est son frère Charles X qui lui succède.

Charles X se lance dans la colonisation de l'Algérie. Charles X est injuste avec le peuple et lui supprime ses libertés. L'économie fait des progrès considérables. Les nouvelles inventions permettent à l'économie d'avancer. En supprimant ses droits au peuple, Charles X fait les germes d'une prochaine révolution. Ainsi l'histoire se répétera comme avec Louis XV. Charles X perd le pouvoir bêtement en 1830 en s'attaquant aux libertés de la presse.

C'est une monarchie constitutionnelle qui suit avec comme roi Louis-Philipe Ier d'Orléans, le cousin de Charles X. Mais une révolution éclate en 1848. Un certain Guizot dit : « *Enrichissez-vous par le travail et par l'épargne* », phrase totalement à l'image de la droite orléaniste.

Cette droite aujourd'hui est incarnée par Emmanuel Macron. Il y a deux autres droites : d'abord, la droite légitimiste qui est pour garder les mœurs françaises, le catholicisme par exemple. Cette droite est incarnée par Philipe de Villiers. Et puis il y a la droite bonapartiste. Cette droite veut que l'élite soit les plus compétents, les ressortissants de l'ENA, de Sciences Po. Et les moins compétents feront des métiers bien payés et seront gouvernés par les compétents.

Les choses deviennent tendues autour du palais Bourbon. Louis-Philipe Ier est un roi assez souffreteux, mais proche du peuple. Dans Paris, les soldats n'arrivent plus à maitriser la foule. Le roi Louis-Philipe Ier abdique et s'enfuit en Angleterre. Il a refusé d'ouvrir le feu sur la foule. Plus tard il dira : « *La République a de la chance : elle peut tirer sur la foule* ».

La Deuxième République est proclamée. C'est Louis Napoléon Bonaparte qui est élu président de la République en 1848. Mais le poète et écrivain Victor Hugo ne cesse de le surnommer Napoléon le Petit.

En 1851, Louis Napoléon Bonaparte fait un coup d'État. Il devient empereur sous le nom de Napoléon III. À Paris il s'illustre grâce à son personnage model Napoléon Ier. Il se marie avec Eugénie de Montijo.

NAPOLÉON III

Il est empereur sous le nom de Napoléon III. Il fait exiler Victor Hugo en Belgique. Dans son palais impérial à Compiègne, tout n'est que fêtes, chasses et banquets. Il veut bien se faire voir par l'empereur d'Autriche en essayant de mettre le frère de l'empereur sur le trône du Mexique. Mais les Français et les Mexicains sont battus par les Américains en pleine guerre de sécession. Le frère de l'empereur d'Autriche est tué et les relations franco-autrichiennes deviennent catastrophiques. En 1860, Napoléon III aide les Italiens à prendre leur indépendance sur le pape. En échange la France récupère la Savoie et la ville de Nice. Napoléon III développe plus de libertés et de droits politiques et juridiques. Avec le baron et préfet Haussmann, ils se lancent dans une rénovation complète de la ville de Paris. Grâce à Napoléon III, la France devient le pays le plus riche du monde de son temps.

Une guerre menace d'éclater entre l'Allemagne de Guillaume Ier et la France de Napoléon III. D'abord

Napoléon III refuse et Guillaume Ier aussi. Mais Bismarck falsifie des documents qui paraissent dans la presse parisienne. Napoléon III est contraint de partir en guerre contre l'Allemagne. Les Français sont très mauvais et très vite battus à Sedan. En 1870, Napoléon III est déchu. Puis, il est exilé en Angleterre. Guillaume Ier est sacré empereur d'Allemagne à Versailles en 1871. Bismarck a appliqué la fameuse Realpolitik. Napoléon III meurt en 1873 d'une opération médicale. Il rêvait d'un retour fulgurant comme Napoléon Ier de l'île d'Elbe. Encore une fois l'histoire s'est répétée. Elle se répète toujours.

LA RÉVOLUTION INDUSTRIELLE ET LA BELLE ÉPOQUE

Pendant dix ans, les Français hésitèrent entre République et Monarchie. Mais les Allemands font en sorte que la France choisisse la Troisième République. En 1871, Adolphe Thiers est élu président de la République. En 1885, le savant Louis Pasteur découvre le vaccin contre la rage. Le général Boulanger se suicide après avoir échoué à reprendre l'Alsace et la Lorraine. Le capitaine Dreyfus est exilé sur l'île du Diable accusé de collaboration avec l'Allemagne. Marie Curie découvre le radium. Puis c'est le début du cinéma et les premiers films commencent.

En 1913, à l'élection du président de la République, Raymond Poincaré est élu. Il renforce la Triple-Entente qui comporte la France, l'Angleterre et la Russie. Face à elle, il y a la Triple-Alliance avec l'Allemagne, l'Autriche-Hongrie et l'Italie. Mais l'Europe est à l'approche de son suicide. Tandis que l'Allemagne de Guillaume II veut gagner des colonies au détriment de la France, la France rêve de récupérer l'Alsace-Lorraine. La Russie ne veut pas laisser l'empire Ottoman contrôler la Grèce avec l'Autriche-Hongrie. Et l'Angleterre s'inquiète de la puissance maritime allemande.

Il fallut un élément déclencheur pour provoquer la guerre. En 1914, un serbe assassine l'archiduc d'Autriche François-Ferdinand. Peu après, Jean Jaurès est tué.

L'Autriche déclare la guerre à la Serbie. La Russie déclare la guerre à l'Autriche. L'Allemagne déclare la guerre à la Russie, puis à la France.

LA PREMIÈRE GUERRE MONDIALE

Les soldats français partent la fleur au fusil. En 1914, le maréchal Joffre se bat contre les troupes allemandes dans la Marne. La bataille de la Marne est une victoire pour les Français. Georges Clémenceau fait en sorte que la guerre continue face à l'Allemagne. En 1915, les Italiens passent du côté de l'Entente et les Anglais entrent dans le conflit. Les Anglais débarquent à Rouen mais perdent la bataille de la Somme contre les Allemands. Le Gouvernement français s'installe à Bordeaux au cas où les Allemands entreraient dans Paris. En 1916, les Allemands arrivent près de Verdun. Si Verdun est pris, ils entreront dans Paris et la guerre sera perdue. Le général Pétain vient en renfort. La bataille de Verdun est horrible, sanglante. Les morts s'enchainent chaque minute. C'est un carnage mais un carnage qui, au bout de dix mois, s'achève avec la victoire triomphante du général Pétain et des troupes françaises.

Petit à petit, le front allemand recule et les victoires françaises s'accumulent. De l'autre côté, les

Russes ont du mal face aux troupes allemandes. En 1916, c'est la revanche de la Somme. Les armées françaises et anglaises écrasent l'armée allemande ! En 1917, grâce au général Nivelle, la France remporte la bataille du Chemin des Dames. La révolution russe de Lénine fait que la Russie quitte le conflit. C'est le début du communisme en Russie. Nicolas II, le tsar de Russie est fusillé avec toute sa famille. Le front de l'est est rompu. Le général Foch prend le commandement des troupes destinées à faire la bataille de la Marne. La seconde bataille de la Marne est meurtrière mais est une grande victoire pour la France. La guerre est finie et la France a battu l'Allemagne. L'armistice est signé à Compiègne le 11 novembre 1918. Le traité de Versailles rétrécit l'Allemagne et divise l'Autriche-Hongrie en plusieurs pays. C'est la dissolution des empires avec la Russie qui perd la Pologne. Les Américains empêchent les Français de conquérir l'Allemagne. Georges Clémenceau est furieux lorsqu'il apprend ça. La Turquie voit le jour à la place de l'empire Ottoman. C'est la fin des grandes puissances européennes. À compter de cette guerre, plus jamais l'Europe ne dominera le monde. Les Américains entrent dans le cercle des grandes puissances.

LES ANNÉES 20, LES ANNÉES FOLLES

La Première Guerre mondiale fut suivie par la défaite de Georges Clemenceau à l'élection présidentielle de 1920. La France doit reconstruire ses villages du nord détruits par la guerre. On danse au rythme du jazz venu des États-Unis. Les voitures circulent de plus en plus. La radio commence. Le parti communiste lancé par Lénine en 1917, puis repris par Staline, le dictateur russe, prend de l'ampleur. La France, elle, est lassée de ce qu'elle a toujours fait : la guerre. Les Français ne veulent plus mourir au combat. Mais les années 1920 vont vite se terminer pour laisser place aux années terribles.

LES ANNÉES 30 ET LA MONTÉE DU FASCISME

Une crise économique éclate à New York en 1929. Cette crise économique arrive en France et touche l'Europe. Elle touche les usines, elle provoque des pénuries alimentaires. En Allemagne, Adolf Hitler prend le pouvoir avec son parti, les Nazis. Les Nazis menacent les juifs qui, pour certains, migrent vers les États-Unis. En Italie, le fascisme s'installe avec le dictateur Mussolini. C'est de même pour l'Espagne avec Franco et au Portugal avec Salazar, ainsi qu'en Russie avec le communisme de Joseph Staline. De grandes migrations européennes se font vers la France. C'est en raison de cette épidémie de dictateurs qui touche l'Europe. En 1934, l'équipe de France de football parvient à aller jusqu'en 8ème de finale de la coupe du monde en Italie. En 1937, Benito Mussolini envahit l'Éthiopie et élargit les colonies Italiennes.

En 1938, Hitler envahit la Tchécoslovaquie. C'est là que se font les accords de Munich. C'est entre Daladier, le Premier ministre français, Adolf Hitler le chancelier d'Allemagne, Chamberlain, le Premier ministre anglais et Benito Mussolini, le dictateur italien. On sacrifia la Tchécoslovaquie pour maintenir la paix en Europe qui semble de plus en plus en danger. Mais malheureusement Hitler ne respecta pas les accords de Munich. Le 1er septembre 1939, l'Allemagne attaque la Pologne. Le 3 Septembre 1939 à 11 heures, l'Angleterre déclare la guerre à l'Allemagne et à 17 heures la France déclare la guerre à l'Allemagne.

LA SECONDE GUERRE MONDIALE

L'Autriche et la Pologne sont rapidement conquises par l'Allemagne. Au début de l'année 1940, les troupes françaises gagnent contre les troupes allemandes en Norvège. Mais en un bombardement le Luxembourg est conquis par l'Allemagne et Hitler menace les Ardennes. Les Allemands conquièrent la Belgique et contournent la ligne Maginot. Dans le nord de la France, l'armée anglaise est battue. La ville de Beauvais fut complètement brûlée par les bombardements allemands. Les Anglais sont obligés de fuir par Dunkerque et c'est Winston Churchill le nouveau Premier ministre anglais. En mai 1940, les Allemands entrent dans Paris. Puis c'est le tour de la Normandie. Le Gouvernement de Daladier démissionne pour laisser place à celui du Maréchal Pétain, le grand héros de la guerre de 14.

Le 18 juin 1940 à 17 heures, le général de Gaulle parle à la radio anglaise. Il appelle les Français à résister. Le 22 juin 1940, l'État français capitule. Le nord de la France est conquis par l'Allemagne. Hitler accepte de laisser la zone sud « libre ». Pétain accepte de collaborer avec l'Allemagne mais réussit à négocier avec Hitler. La France peut garder ses colonies. Plusieurs camps de concentration sont ouverts et des millions de juifs sont tués. L'Angleterre est donc seule face à l'Allemagne, mais pas totalement seule. La France n'a pas définitivement perdu le combat. Car pour le général de Gaulle, la France a perdu une bataille mais n'a pas perdu la guerre. De Gaulle réussit à constituer une armée française car pour lui cette guerre sera mondiale. Hitler propose d'abord la paix aux Anglais. Mais les Anglais refusent comme ils l'avaient fait avec Napoléon. Les Anglais finissent par remporter la bataille d'Angleterre. En 1941, Hitler déclare la guerre à la Russie de Staline. Les Allemands avancent en Russie. Puis, vint la bataille de Stalingrad qui est un carnage remporté par les Russes, puis Leningrad et Saint-Pétersbourg. Les Japonais attaquent les Français en Indochine. Alors que l'armée russe entre dans la contre-attaque, les Américains entrent dans le conflit, ceci à la suite du bombardement de la base de Pearl-Harbour. Le président américain Franklin Roosevelt et le Premier ministre Winston Churchill tentent de mettre de Gaulle à l'écart, et par la même occasion la France. Les Américains veulent récupérer le marché riche d'Europe. Ils veulent donc une France soumise à l'alliance anglo-américaine. Mais Jean Moulin, le chef de la Résistance française, lance des propagandes pour de Gaulle. Mais de Gaulle n'aura pas le temps de le remercier. En 1943, la gestapo arrête Jean Moulin et le livre aux Allemands. Jean Moulin mourra sans dire un mot sur la Résistance.

Les Américains débarquent à Alger. L'empire colonial français est réunifié sous le commandement du général de Gaulle qui s'était installé à Brazzaville. L'armée française mène des combats contre l'armée italienne en Lybie. Les Français remportent plusieurs victoires. Suite à cela, les Allemands envahirent la zone sud libre et la Corse est conquise par l'Italie. À l'est, l'armée russe progresse et arrive bientôt en Roumanie. En 1943, le général français Henry Martin libère la Corse avec l'armée française et un groupe de résistants très actifs. Dans le Pacifique, l'armée japonaise perd face à l'armée américaine. En Italie, le gouvernement de Mussolini est renversé. L'Italie quitte la guerre. L'Allemagne est presque seule face à l'Angleterre, les États-Unis, la France et l'URSS.

Les Américains préparent un débarquement en Normandie. Le but est de libérer la France, foncer vers Berlin et bien sûr récupérer le marché riche d'Europe. De Gaulle est très réservé et vexé de ne pas avoir été plus associé. Le 6 juin 1944, les alliés débarquent et les combats sur le sol français reprennent. Le 15 août, les alliés débarquent en Provence. Le 25 août 1944,

Paris est libérée par l'armée française du général Leclerc. En janvier 1945, la France entière est libérée. L'armée russe entre dans Berlin. Le Troisième Reich s'effondre. Mussolini est tué alors qu'il cherchait à fuir.

Le 30 avril 1945, Hitler se suicide. Le 7 Mai 1945 l'Allemagne, dévastée et ravagée, capitule. À l'armistice, Jean de Lattre de Tassigny représente la France. L'URSS soumet les pays de l'est au communisme. Le Japon capitule en août 1945 à la suite des explosions atomiques d'Hiroshima et de Nagasaki.

Cette guerre signe l'abdication des puissances européennes. La France a perdu sa grandeur et sa puissance en 1940, l'Allemagne en 1945, puis viendra le tour de l'Angleterre dans les années 1950 avec l'effondrement de son empire colonial.

Les Américains partent à la conquête du monde !

LA FRANCE D'APRÈS-GUERRE

La France eut le droit à sa zone occupée en Allemagne. En 1946, de Gaulle quitte le gouvernement provisoire. L'empire colonial anglais s'effondre au début des années 1950. La France, l'Allemagne et l'Angleterre deviennent de petites nations. En 1958, de Gaulle devient président du Conseil de la Quatrième République. Puis, de Gaulle change la Constitution et est élu président de la République. Il crée la Cinquième République.

En 1957, il y avait eu le traité de Rome. Cela crée une communauté européenne entre la France, l'Allemagne et l'Italie. De Gaulle avait donné le droit de vote aux femmes dès 1945. De Gaulle a aussi fait le couple franco-allemand pour que la France soit indépendante des États-Unis. Entre les États-Unis et la Russie éclate la guerre froide. Les pays de l'est de l'Europe sont communistes et les pays de l'ouest sont capitalistes.

En 1957, les Russes envoient dans l'espace le premier satellite. C'est le satellite Spoutnik. De Gaulle dissout l'Assemblée nationale en 1962 afin de garder son Premier ministre Georges Pompidou. De Gaulle veille à ce que la France ne soit soumise ni aux communistes russes, ni aux capitalistes américains. En 1963, le président américain Kennedy est tué. Deux chanteurs français deviennent célèbres : c'est Johnny Hallyday et Claude François. En mai 1968 les étudiants manifestent. De Gaulle veut tirer sur la foule mais Georges Pompidou le refuse. De Gaulle démissionne à la suite de l'échec de son référendum. De Gaulle meurt le 9 Novembre 1970 à 81 ans.

LA FRANCE DES ANNÉES 1970

En 1973, Georges Pompidou fait construire le Centre Pompidou à Paris. Mais Pompidou meurt en 1974 d'une leucémie. Valéry Giscard d'Estaing est élu président de la République. L'humoriste français Coluche fait ses débuts. Louis de Funès joue dans Rabbi Jacob et les Gendarmes de Saint-Tropez. Le chanteur Claude François est au sommet de sa gloire et Michel Sardou commence ses succès. La chanteuse France Gall entre sur la scène des années 1970.

Valéry Giscard d'Estaing inspire la soupe VGE au chef Paul Bocuse. Alors que toutes les colonies françaises se sont effondrées, la France semble renaître. En 1976, Louis de Funès joue dans le film l'Aile ou la cuisse.

LA FRANCE DES ANNÉES 1980 À 2017

En 1978, Claude François meurt électrocuté. En 1981, François Mitterrand est élu président de la République avec comme Premier ministre Pierre Mauroy. Cette même année Louis de Funès fait ses adieux au cinéma. En 1982 la France arrive en demi-finale de la coupe du monde de football face à l'Allemagne. Mais la France s'incline aux tirs au but. En 1984 elle remporte l'Euro à Paris 2-0 face à l'Espagne. En 1986 Daniel Balavoine meurt dans un crash d'hélicoptère. En 1988 François Mitterrand est réélu en battant Jacques Chirac. En 1992 la France entre dans les accords de Maastricht. Philipe Séguin s'y oppose et défend notre souveraineté nationale. Le chômage augmente. En 1995, Jacques Chirac est élu président contre Jospin. En 1998 la France gagne la coupe du monde de football 3-0 contre le Brésil. En l'an 2000 elle gagne l'Euro 2-1 contre l'Italie.

On dit de la France qu'elle est une URSS qui a réussi. Parce qu'en réalité, la France est un pays qui n'a pas vraiment adopté le capitalisme.

En 2002 Jacques Chirac est réélu mais pour cinq ans. En 2005 la constitution européenne échoue de 55 % contre 45 %. En 2007 Nicolas Sarkozy est élu président de la République. Il bat au deuxième tour Ségolène Royal du Parti socialiste. Nicolas Sarkozy abaisse le chômage à 7%. La base de la politique de Sarkozy c'est « *travailler plus pour gagner plus* ». Il a comme Premier ministre François Fillon. En 2012, il est battu par le socialiste François Hollande. Mais la politique de François Hollande est désastreuse. Le chômage fait des bonds immenses. François Hollande ne s'affiche pas trop en public. Il se sépare plusieurs fois. François Hollande baisse en popularité. Le groupe SFR est vendu. En 2015 la France est touchée par des attentats terroristes islamistes. Les frères Kouachi tuent des journalistes du journal Charlie Hebdo. Les frères Kouachi sont abattus par la gendarmerie le lendemain. Le journal Charlie Hebdo avait caricaturé le prophète Mahomet. La France subit plusieurs autres attentats terroristes. En 2016 a lieu un autre attentat à Nice. Un camion renversa des passants sur la promenade des Anglais. En 2017, Hollande renonce à se présenter. Emmanuel Macron de La République en marche affronte le Front national de Marine Le Pen au deuxième tour. Macron gagne largement avec 65% contre 35 %.

EMMANUEL MACRON

Emmanuel Macron, au bout d'un an de quinquennat, suscite la colère de beaucoup. Les Gilets jaunes manifestent contre l'augmentation des carburants. Macron finit par céder et annule les taxes sur les carburants. Les Gilets jaunes sont très intelligents car ils ont obtenu ce qu'ils réclamaient.

Macron incarne la droite orléaniste et européiste. Il pense que le commerce et la mondialisation peuvent régler tout.

En 2018 la France remporte une nouvelle fois la coupe du monde de football 4-2 contre la Croatie.

En 2019 Éric Zemmour rejoint l'émission Face à l'info avec Christine Kelly, Marc Menant, Éric de Riedmatten, Dimitri Pavlenko et Harold Hyman.

En 2020 un professeur Samuel Paty est assassiné par un islamiste tchétchène. Le professeur avait montré des caricatures de Mahomet.

En 2020 éclate aussi la crise sanitaire de la Covid-19. C'est un virus venu de Chine. Nous avons dû confiner la France. Les Français ont été privés de liberté. De nombreux secteurs économiques ont fait faillite parce que nous n'avions ni tests, ni masques et parce que nous n'avions aucune capacité à les fabriquer nous-mêmes. Puis les masques sont arrivés et les Français ont oublié.

Macron, en essayant d'être le chef de l'Europe, reproduit ce que faisait Louis XIV qui essayait d'être le chef du monde catholique. Donc sans le savoir, il mène la même politique qui construit la France et l'histoire se répète encore. D'où la fameuse phrase de Marx : « *Les hommes font l'histoire, mais ne savent pas l'histoire qu'ils font* ».

En 2021, on confina à nouveau.

L'histoire avait arrêté d'être tragique. Elle l'est redevenue avec la crise du Coronavirus. La crise de la Covid-19 semble arriver à son terme. L'histoire un jour ou l'autre redeviendra tragique. Le mal finit toujours par revenir. C'est pourquoi il faut s'y préparer.

ÉPILOGUE

Nous retiendrons aussi des cinq dernières années l'échec du souverainisme à trouver un candidat pour l'élection présidentielle. Pourquoi l'histoire est-elle tragique ? Parce que l'homme est méchant de nature. C'est un certain Hobbes, un philosophe anglais, qui disait cela. Maintenant les questions pour l'avenir de la France sont nombreuses. Qui gagnera l'élection présidentielle de 2022 ? Peut-être Macron ou Xavier Bertrand ou bien Marine Le Pen ? Éric Zemmour va-t-il se présenter ? Où était-ce juste pour vendre son livre. Édouard Philippe va-t-il se présenter où était-ce lui aussi pour vendre son livre ?

Si vous avez aimé mon livre, je vous conseille de lire mon prochain livre « *Napoléon, le destin d'un homme de génie* ». Nous parlerons en détail de l'histoire passionnante de Napoléon Ier. Car on ne peut pas ignorer l'histoire. Où qu'on aille, elle suivra notre destinée et la contrôlera !

L'Histoire est tragique mais c'est l'Histoire !

TABLE

Ludovic Pinto - 4 rue de Buzanval - 60 000 Beauvais

Loi n°49-956 du 16 juillet 1949 sur les publications
destinées à la jeunesse, juin 2021
© 2021, Adrien Pinto
Édition : BoD – Books on Demand,
12/14 rond-point des Champs-Élysées, 75008 Paris
Impression : BoD - Books on Demand, Norderstedt, Allemagne
ISBN: 9782322269372

Dépôt légal : Juin 2021